Rakkauden ja kärpästen kirja

Kaj Midas Tuima

RAKKAUDEN JA KÄRPÄSTEN KIRJA

Kustantaja: BoD – Books on Demand, Helsinki, Suomi

Valmistaja: BoD – Books on Demand, Norderstedt, Saksa

ISBN: 978-952-80-7095-5

Malja pettyneille

Tämä kirja on saanut nimellisesti (kirjaimellisesti!)
innoituksensa Aleister Crowleyn teoksilta
The Book of the Law & The Book of Lies.

Minun mieleni on ase!
Tulin räjäyttämään teidän laitoksenne
koulunne kirkkonne ostoskeskuksenne instituutionne
metsänne kotinne internetinne
vankilanne

Glasya-Labolaksen II kirja

eli

*infernaalisen kyökkimetafysiikan
mikro-oppimäärä*

spektri

Aurojen väriloisto
kamelinpaskatiilistä muuratun asema-aukion kahdeksanruuh-
kassa kuin Uranuksen kevät; kerran eliniässä

jos aurassasi on VITIMUSTAA, olet matkalla sotaan.
jos aurassasi on ULTRAMARIININPUNAISTA, olet matkalla kotiin,
mutta se on tulessa.
jos aurassasi on PURPPURANTURKOOSIA, olet matkalla riemu-
voittoon ja hekumaan ja ohi.
jos aurassasi on SYSIKELTAISTA, olet matkalla Itseen.
jos aurassasi on INDIGONORANSSIA, olet matkalla Kainuuseen.
jos aurassasi on INFRASINISTÄ, olit perillä, mutta nyt

olet taas matkalla.

Mutta kuka voi nähdä auroja? Kuka voi
nähdä läpi kiven, kiveä matalamman ener-
gian, soputieteiden, demokratian, kemikaa-
lien, saavutettujen etujen, ehdottomien eh-
dollistumien, pinttyneiden piilotajujen?
Kuka voi nähdä kauneutta lasissa,

joka ei ole lasi vaan peili? Ei kukaan. Mutta
joku voi nähdä sateenkaaren seinällä, johon
valo heijastuu Varjon tavoin; vaan niin
monta on kulkijaa jokaiseen suuntaan, että
he peittävät valon & peilin & seinän pyhän
kolmiyhteyden miltei katkeamat–

orgasmi

On Taivas ja on Helvetti ja ne molemmat
ovat jo täällä. Taivas on Nukkuvien tietoisuudessa
Helvetti Heränneiden unissa

Kun Nukkuva herää, hänestä ei kuitenkaan tule tietoista
vaan Herännyt, joten hän ei pääse Taivaaseen.

Kun Herännyt nukahtaa, hän ei vaivu uneen vaan
Uneen, jolloin hänestä tulee Nukkuva. Täten Taivas
ja Helvetti – vaikka ovatkin olemassa –
pysyvät saavuttamattomissa.

Ihmisluonnon perimmäisin konflikti, heeroksen tragedia, syntyy ristiriidasta: tarve löytää utopia, tarve kukistaa dystopia. Kumpikaan tarve ei milloinkaan voi täyttyä, joten ihminen elää päättymättömässä antikliimaksissa. Kuolema on antikliimaksien emuu, Elämä niiden tytär. Jopa orgasmi on osa antikliimaksia.

On Taivas, ja on Helvetti. Kumpikin on jo täällä, mutta me emme.

hekate

isäpoikapyhä

äititytärtabu

setä, eno, bro. Usko, Toivo, Lempi Lund

Hyvyys, Totuus, Tarpeellisuus;

Sokrateen kolmoissuodatin:

onko se hyvää, onko se totta? utilitaristista? mikäli ei[f]

Psalmit

Jos haluat menestystä, ota väekäs kurkkupastilli (esim. Mynt-
hon, huom. tämä ei ole maksettu mainos), työnnä se anukseesi
ja lausu seuraava loitsu:

Tyttäresi nimeen,

*haluan panna kasvottomia ihmisiä, joihin minun ei tarvitse
tehdä vaikutusta tai nähdä enää ikinä / haluan rauhoittua
käymällä sotaa / haluan humaltua yöt, ja aamut tehdä armot-
ta tunnollista työtä / haluan tietää, miltä tuntuu tappaa paha,
ja miltä tuntuu tappaa hyvä / haluan omistaa maailman,
omistaa sen Sinulle!*

α

Jos haluat vapautua traumoista, maalaa tägi kuukautisverellä
tai spermalla lapsuudenkotisi seinään ja huuda seuraava
loitsu:

Oman tyttäreni nimeen!

*Haluan olla hengissä omissa hautajaisissani. Liikuttumassa,
kerrankin!*

ω

Jos haluat rakkautta, huoli kenet tahansa ja lausu hänelle:

Älä sano "rakastan", sano: olet elämäni pano.
Sano: vittusi on hukka, jonka imuun ilmeisyys katoaa, ja nän-
nisi valuvat hurmeista tequilaa / vapauttavaa, kun on niin
monta vaihtoehtovakoa naida läskiesi uumeniin / oh,

työnnä klitoriksesi perseeseeni

Jos haluat jättää tämän teoksen lukemisen tähän, se on ymmär-
rettävää, mutta samalla valitettavaa, sillä ainoastaan viimei-
seen sanaan lukeneet Heräävät tästä painajaisesta. Muutoin et
enää kuunaan saa rauhaa. Matala mielesi kurtistukoon kuin ru-
sina aavikoituvissa aivoissasi, sielusi eksyköön sydämesi hau-
takammioihin! Olkoon kenkäsi kiviä kallellaan ja sade varjosi
alla, kärpäset koloihisi munikoot. Ja, kyllä, tämä oli kirous

Glasya-Labolaksen III kirja

eli

undiinit (hierarkia)

Silta
ylittää Valtameren.

Sillalla marssivat mahtavat miehet.
Sillan alta uivat valaat,
valkeat, siniset, mustat,
mahtavat.

Mahtavilla miehillä matkassaan mahtavat aurinkovarjot,
riikinakkojen rapeista, raipakoista
pyrstösulista

Mahtavat miehet maistelevat alkupalaksi
riikinakkojen rintaa

odottaessaan valaiden valmistumista.

Mahtavien miesten jälkeen tulevat pienet pojat.

Pienistä pojista kasvaa pieniä miehiä jo ennen kuin he ovat
edes perillä, ja heidän aurinkovarjonsa onkin kuuvarjo, sääs-
kien siivistä sidottu. Ja heidän eväänsä,

pillerirasiassa pitahayan siemeniä,

houkuttelee piraijat sillan pieleen.

Pieniä miehiä seuraavat naiset.
Naiset eivät saa astua sillalle, he
uivat.

Osan syövät piraijat, tai valaat
laulavat heidät Uneen. Osa
ei koskaan uida osannutkaan
ja osa käyttää tilaisuuden hyväkseen ja ui
vapauteen?

Loput kasvattavat jalkansa pyrstöksi.

Sekä mahtaville että pienille miehille
passaisi heteroseksi
määränpäässä sillan tuolla puolen, niin on naisten kanssa
sovittu
mutta kun merenneidoilta puuttuu

(unelmoi!)

Vittu, pohjaton osterinpuolikas, märkii kalaöljyä ja ambraa ja haisee hapettuneelta turisaalta. Messipojan ei tee mieli työntää kaluaan sinne, mutta puosut katselevat. Hän ei kehtaa perääntyä, hän runkkaa itsensä kovaksi, ja vaikka kaikki lämmin veri hänen sydämestään pakenee sukuelimiin menevät hänen kiveksensä kananlihalle. Sisään hänen on työnnyttävä suljetuin silmin.

Merenneito sätkii. Veitsenviiltomaiset kidukset notkealla kaulalla eivät tavoita ilmasta happea.

Myös messipojan henki salpautuu. Hän tuijottaa taivaalle, lokkien ja anemosten vaappuvalle mantereelle, rukoillen että yltäisi sinne jo.

Merenneito veltostuu ennen kuin hän tulee. Hänelle hurrataan.

Nyt olet vihdoin oikea merenkävijä, jyrähtää kapteeni.

Messipoika näkee unta triljoonasta hopeanharmaasta suomusta ja kuhunkin suomuun mahtuvista, sateenkaarevista parakosmoksista. Viehkehdinnästä, välkehdinnästä. Verkkoon takkuuntuneista hiuksista, linnunnokkimista kalansilmistä.

Hän herää ja tuntee sietämättömyyden. Ei lie kellekään epäselvää, mitä laivakokki huomisella lounaalla tarjoilee.

Messipoika kapuaa kannelle.

Kolskuvassa ilmavirrassa ujuu hämärä, jota kokeneemmat kutsuvat nauttiseksi, eli aurinko on vähintään kuusi enintään kaksitoista astetta horisontin alapuolella. Himmeimmät tähdet eivät vielä näy.

Ei. Kaikkein himmeimmät tähdet eivät näy *milloinkaan*. Sanoisivat kokeneemmat.

Perämies kysyy messipojan ikää. Kaksikymmentäkaksi. Oliko se ensimmäinen kertasi? Oli. Ja saa olla myös viimeinen.

Perämies nauraa niin että hampaat kalahtelevat, tippuvat, vierivät; he poimivat niitä tyyrpuurista pitkin päivää kuin keräisivät helmiä nauhaan. Perämies antaa kaikkien olettaa messipojan lyöneen häntä.

Sinä iltana messipoika ei ole suosittu. Hän piilottelee ruumassa seuranaan sekarotuinen laivakoira, Kurdrjavka, ja ajan kuluksi laskee tienistinsä: mustelmia, korkkeja, rintaneula jossa vesi

///

Hän oli runopoika. Ennen pakoa hänellä oli tapana kiivetä anivarhain lähiökalliolle, katsoa kaistaleeseen saaristousvaa, ja unelmoida juuri tästä: merestä, maiden, säiden ääristä. Vapaudesta, syvyydestä. Seksistä.

Nyt hän on kokenut ne kaikki eikä osaa unelmoida enää. Hän on pettynyt.

Lapsi, hys, kuiskaa kapteeni kun he ovat kahden. Lapsi kulta, usko tähän: yhtä lailla olisit pettynyt vaikka olisit jäänyt rantaan. Rakastajat kaikkialla ovat samanlaisia, niljaisia, hiljaisia. Vapaus kaikkialla on samanlaista – yksinäistä ja tarkoituksetonta, taistelua. Vapaaehtoisesti vankilaan jättäytyneet miehet ehkä luulevat olevansa onnellisia, mutta oikeasti se on pelkuruutta. Haluatko sinä olla pelkuri? Voin toki hyvästellä sinut seuraavaan satamaan...

Kiitos, mutta en olisi sielläkään tyytyväinen enää, messipoika vastaa.

Meren vesi tekee minulle sen, mihin sinusta
ei ollut. Ottaa minut. Kahlaan syvemmälle. Vesiraja
ahmaisee sääreni, polveni,

häpykieleni, jota sinä et puhu

napani

nuora, katkaistu

Sukellan. Täällä on tilaa hengähtää.

Meren sijaan olisi pitänyt unelmoida
suolaisista pärskeistä kasvoilla

Äärten sijaan
maailmasta, jossa ei tunnusteta rajoja

Vapauden sijaan itsenäisyydestä
Syvyyden sijaan pohjasta, vakaasta

saarekkeesta jossa käydä levolle ennen seuraavaa

sylfit (kaaos)

jos linnut eivät enää laula

minä olen ohut

minne osoitat kun sinun käsketään osoittaa itseäsi

Antroposeeni. Saloissa sateenkaariliput, tyylikkäät androgyy-
nit tyypit laitureilla, syreenit ja avaruus. Ylläni ohut, lampaan-
villanvärinen puuvillamekko, johon on painettu pieniä VITI-
MUSTIA silhuetteja kuin ilkikurisia kameekoruja.

Tuuli käy helmoihin ja nostaa ne näyteikkunoiden mannekii-
nien tasalle.

Silloin pilluni alkaa yllättäen puhua: mitäs mulkkaat siinä, mo-
koma matami, se tiuskahtaa ohikulkijalle.

Pyydän anteeksi. Tihennän askellustani, kavennan lantioni
asentoa.

Jumanzuiga mikä läski, astu naulaan, pilluni jatkaa seuraavalle
vastaantulijalle.

Katseemme kohtaavat ohittaessamme. Pahoittelen jälleen. Sil-
loin pilluni työntää kielen esiin ja päristää römeästi. Juoksen
loppumatkan.

Pilluni puhuu lähes tauotta (ja joskus ranskaa). Se huomauttelee kaksioni epäjärjestyksestä, ruokani ravintoköyhyydestä sekä viikonloppujeni sisällön puutteesta ja toruu, kun kaivan nenääni tai pieraisen. Julkisilla paikoilla se arvostelee kanssaihmisiä kailottavaan joutsenmaiseen ääneen, ja joogatunnilla laulaa alkumantran yhdessä muiden mukana – ja malttaa pysyä hiljaa, kunnes vartin kuluttua kommentoi viereisen kisällin suoritusta: ei tuo ole mikään alaspäinkatsova koira, tuo on lantakuoriainen. Lantakuoriainen! Lantalantalantalantakuoriaineeeen!

Gurun on pyydettävä minua poistumaan. Pyytelen tuhannesti anteeksi.

Kun tapaan ystäviäni, pilluni sanoo kaiken sen mitä heistä ajattelen mutta päätän jättää sanomatta. Vanhempieni luokse en edes suostu; tekosyynä työkiireet, vaikka todellisuudessa sain potkut koska pilluni kysyi esimieheltä kesken palaverin, joko bylsitään.

Kumppanikin jätti minut. Nähdessään hänen peniksensä pilluni nauroi.

Kun kalu oli sisällä, pilluni puri sitä, jolloin se herkeni tyystin toimintakyvyttömäksi. Se kalpeni ja surkastui kuin luuksi ja siitä tuli yhtä kylmä kuin yöpöydällä seisovasta vesilasista, ja sellaisena se pysyi vaikka teimme kaiken mitä Kamasutra neuvoo.

Kuukautiset ovat elämys. Pilluni sylkee ulos kuukupin sekä tamponit, ja laittaessani siteen se alkaa aivastella.

En lähde kotoa viiteen vuorokauteen. Veri tulvahtelee reisilleni ja kastelee elmukelmulla vuoratun vuoteen. En toimerru pyyhkimään jalanjälkiäni, vaikka ne paljastavat säälittävän totuuden: kuljen sängyn, jääkaapin ja vessan välillä. Päätoimisesti makaan haarat auki keskellä king-size bediä tuijottaen televisiota sillä välin, kun pilluni joko sammaltaa asiattomia välispiikkejä tai puhaltelee huultensa raosta pieniä poksahtelevia verikuplia.

Kumpien puolella sinä olet, pilluni kysyy lauantai-iltana kello seitsemän.

Häh, hymähdän.

Että kumpien puolella olet, leijonien vai beisojen, toivotko että beisat pääsevät karkuun vai että leijonat saavat saalista?

Suljen television. Sitä ollaan tosiaan töllätty tarpeeksi.

Kumpaa toivot, pilluni tivaa.

Toivon oikeutta, vastaan.

Gynekologi kirjoittaa pillulleni lähetteen terapiaan.

Tuo inkognitiivinen sielunhoitaja kuuntelee monologia ryppy otsalla. Toisinaan hän esittää kysymyksiä, mutta enimmäkseen muistuttaa käytökseltään nojatuolia jolla istuu. Hän on *yhtenä korvana*; siinä viidennen, kuudennen istunnon paikkeilla hänestä henkilöityy minulle silkka ahnas, hörisevä korva. Ulkoiselta rakenteeltaan pillu ja korva ovat merkillisen samankaltaisia.[n]

---

[n] Ajatus, jonka koen lainanneeni Haruki Murakamilta. Älä kysy, mikä hänen teoksistaan se oli, ehkä Suuri Lammasseikkailu.

Korva kirjoittaa pillulleni lähetteen vaginalobotomiaan.

Revin kutsun. Siitä pilluni ja minä sentään olemme yksimielisiä, ettei tässä nyt kirurgiaan syytä ole yltyä.

Emme enää mene korvan luo. Liitymme Sirkus Sirkumpolaariin.

Roolini on lojua maneesilla polvet ananda balasanassa kun pilluni viheltää. Uska dara, je ne regrette rien.

Palkka on keskinkertainen ja tulennielijä halajaa panna meitä. Kerran annan, mutta pilluni muuttaa mieltään kesken aktin ja nuljauttaa pippelinpahnan sijoiltaan. Sirkustohtorin on laitettava se kantositeeseen eikä sitä saa käyttää ainakaan kolmeen kuukauteen. Tulennielijän täytyy pissatakin vallan napansa kautta.

Pissaamisesta puheen ollen. Virtsa ja uloste saavat pilluni tolaltaan: aina tarpeitani tehdessäni se kakistelee kyllästymättä. Luulin, että ajan myötä se tottuisi… mutta se taidankin olla minä joka ~~tottuu~~ ehdollistuu; jos se nyt yhtäkkiä vaikenisi, ei minullakaan olisi enää mitään sanottavaa.

silitä, se pyytää kuutamon tultua, ja silloin
käsitän,

kuinka paljon kaltaisiaan rakastan

Kaj, onko tämä nyt varmasti
kontenttia jota haluat julkaista?

Minulla on perversio.
Tämä on siitä vain jokunen versio.
Immersio, metafyysinen liukas himo,
myrrysmatka Purgatorioon
väkien luenta, matojen desimaaliluvut

Tuossa ei ole järkeä. Haluatko varmasti julkaista?

Haluan seksiä ja olla yksin
en halua harrastaa seksiä yksin

Mitä tarkoitan, on, että tämä on kutsunta.
Kutsun kaikkia! Koska vain harvat kuulevat, ja harvemmat
kuuntelevat

Kutsun henkeä Helvetistä
seuralaisekseni, nääs,
vaikkei hän oikeastaan ole seuraa, sillä olemisen kiinteässä
merkityksessä häntä ei
ole
vaikka onkin, ja vaikkei olisikaan, olen

sijoiltani

Onko tämä evokaatio vai invokaatio?
Kutsutko hengen ulko- vai sisäpuolellesi?
(vai ulko- vai sisäpuole*lta*si)

                                        Bileisiin.

Mitä syvällistä merkitystä tällä on? (ts. miksi tämän pitäisi
saada olla olemassa)

                                        Kissat...

Kissat?

        Kun jumala° loi selestiaalisen ja mundaanin, unet, vedet,
                sekä Pangean,   kontrastit ja valöörit,
        hän loi kuvakseen ihmisen mutta joutsenlauluna feliinin

                ja syy, miksi mirrit malttavat hiljaa sen sijaan että
                                ilmentäisivät valtaansa
        on funktionaalisuus. Mieluusti ne odottavat, kuinka
        sabotoimme Itsemme, Toisemme,   roskaamme
        mahdollisuutemme ja kaikki nämä herttaiset aikeet

        kun olemme tuhonneet planeetan, ne ottavat aluksemme ja
                                                sayonara

° avaruuden kuningatar!

yuga

Meissä   hengittää   neljäsataakolmekymmentäkaksituhatta
vuotta, sanot.

Kun väität niin, saat minutkin suunniltani kaipauksesta, sillä
tokihan myös minä sen tunnen, kaiken sen arkaaisen, mutta
toisin kuin sinua, minua se ei saa haltioitumaan. Sen sijaan tie-
toisuuteeni kihoaa kysymys kuin veripisara ikivanhaan arpeen:
aivan, neljäsataakolmekymmentäkaksituhatta vuotta, ja kuin-
ka monta tuhatta vuotta VIELÄ ennen kuin olemme kypsyneet
rakastamaan toisiamme siten, ettei se taas pääty fiaskoon?

Tunnen, että tässä elämässä olemme valmiit, hellittelet. Mutta
olet sanonut saman neljäsataakolmekymmentäkaksituhatta
kertaa ennenkin. Jossain yhdeksäntoista hujakoilla lakkasit va-
kuuttamasta.

tontut (haluan haista
maalta ja työltä
ja kokotin heljeät kädet)

Minä istun
kuin Buddha
tai kuten istuvat alkuvoimaiset erinyit

väkevässä aamukasteessa lähellä M/S GAIAA.

Sinä istut
kuin paskalla.

Meillä ei ole mitään yhteistä.

(hedelmyyteni)

Sikiö sisälläni, yhä niin olematon että mahtuisi
tammenterhoon.
Silti olen jo ilmoittanut sen seurakunnan kerhoon.
Silti tuntuu kuin kantaisin sinivalasta. On raskasta maata. On
raskasta
nielaista. Pelätä kaikkea eikä mitään, pelätä pysyä paikoil-
laan, tai edetä. Mitä
tahansa saattaa tapahtua. Se saattaa menehtyä. Minä saatan
katua.
                Miten voikaan kenenkään elämä ehtyä
niin pienenä niin pienenä

Ruumisarkku; tulitikkuaski.

Tai se saattaa jäädä henkiin. Syödä kynsiä kalvaa minua si-
sältä
      kunnes on kyllin potra ravittu raivopäinen
                  ensikenkiin.

Miten mikään niin pieni voikaan jäädä henkiin?

Lapsi syntyy mätäkuussa, maailmaan joka
on tyystin tolkuton, maailmaan joka riistää
jälkeläisiltään. Takapihoilla rakennetaan tol-
kuttomasti lasipalatseja, metrotunneleita,
ydinvoimaloita, avaruusteleskooppeja, ja
rauhaa, aina vain rauhaa

Etenkään rauha ei tule valmiiksi milloin-
kaan. Ei tässä maailmassa, jossa lukematto-
mat lapsen kaltaiset pikku piltit värvätään
suoraan kätkyistään yksijalkaisiksi tinasota-
miehiksi tappamaan toisia pikkuisia pilttejä.
Rauhan tähden. Heil Jesus!

Voi häntä! Niin pieni, soti-soikea että
mahtuisi vaikka uunivuokaan. Siittäjänsä
niin suru-suuri, kulmikas, kolho, että
hotkisi hänet päivälliseksi aivan huomaa-
mattaan
jos vain marinoisin.

sillä on jo 3 hammasta
ja imukärsä
ja nälkä

ja maitoni, mustaa, SYSIKELTAA
tervaa teelusikallinen.
Pikeä aivan, ja piimäksi huopuu, lapsi
varmaan juopuu.

*

Lämmön lailla
tahtoisin karata harakoille tästä talosta

Sitten se säilötään päiväkotiin. Sinne minä sen jätän kuin kostoksi jostain. Käännän selkäni, ajan toiseen päiväkotiin. Siellä hoidan toisten vanhempien lapsia, joista joidenkin vanhemmat hoitavat toisten vanhempien lapsia toisissa päiväkodeissa, joissa on lisää lapsia joiden vanhemmat hoitavat jossain toisaalla toisten vanhempien lapsia, joiden vanhemmat, no, niin, u got it, babe.

Yhtä hyvin me kaikki voisimme olla huoria. Kun kumppanit jäävät ylitöihin, me hoitaisimme toisten työleskien kumppaneita, ja niiden työlesket hoitaisivat toisten työleskien kumppaneita joiden työlesket hoitaisivat toisten työleskien kumppaneita joiden työlesket jne jne

Siittäjä pitää huolen, että lapsella on aina tuliterät haalarit.
Minä pidän huolen, että lapsella on aina lämmin.

Huolessa rämmin.

*

Äh, äiti, maito, taas se on kortilla. Korvaisin sen kernaasti
nortilla
mutta et anna ne on isin röökit

kuorio

Paskahätä. Hypermarketin tuhruinen pytty, kalsea rinki per-
seen ympärillä. Viereisissä kopeissa luojan kiitos ei ristin sie-
lua.

Kaakeleiden saumassa lymyää tuntosarviaan värisyttävä soke-
ritoukka. Joku on kaivertanut seinään puhelinnumeron. Mi-
nulla kestää niin, että ajankulukseni miltei soitan.

Nousen huuhdellakseni. Sivusilmällä vilkaisen tahtomattani,
jaahas, mitä tänään tuli tuotettua. Muna. Muna?

Ihmisenmuna? Selvästi kookkaampi ja hieman suipompi kuin
kanan. En ole munien asiantuntija, joten en osaa sanoa minkä
linnun tai liskon yms. jälkipolveen sitä olisi osuvinta verrata.

Se on PURPPURANTURKOOSI kuin unakiitti, pinnaltaan kiilkeä ja
ilmeisen kestäväkuorinen koska selvisi molskahduksesta vas-
ten posliinia. Sen laki pilkottaa vesirajan yllä, tuijottaa. Laihan

virtsan joukossa kelluu veriviiruja, joiden lähteeksi alan pai-
kantaa oman svadhisthanani. Kirvelee…

Pitääkö se poimia sieltä? Annanko olla? Mahtuuko se viemä-
ristä? Ei. Aikooko se kuoriutua? Onko se minun *poikaseni*?
Tyttöseni. Epäinhimillistä hylätä jotakin, jolla saattaa olla Tie-
toisuus.

Haudon munaa kaksitoista päivää, yhden kullekin exälleni.

Nukun aina jommallakummalla kyljelläni siten, että käperryn
sen ympärille. Herättyäni kannan sitä sylissä ja kun pitää läh-
teä ulos, säilytän vaatekaapissa villasukkalaatikossa. Siellä
sillä on lämmintä ja muhevaa.

Kun sitä vasten painaa korvansa, se on lämpöinen, ja voi kuul-
la tiukumaisen sydämen sykkeen, satakolmekymmentä lyöntiä
minuutissa.

Kolmannentoista päivän aamuna kuoreen karahtaa lohkeama.
Vaaleanpunaista nestettä tihkuu lakanoilleni. Eikä munaolen-
non sydämensykettä tarvitse enää erikseen kuunnella vaan sen
voi nähdä siitä, miten kalvo lohkeaman ja sen ympärille muo-
dostuvien ohuempien hiushalkeamien lomissa läpättää.

Kuoriutuminen kestää kaikkiaan kahdeksan tuntia neljäkymmentäyksi minuuttia. Sitten olento taivuttaa niskansa lopullisesti sekä kalvon että kuoren lävitse, kiskoo henkeä väristen, parkaisee ensi-itkunsa. Sydämeni menee kananlihalle.

Sillä on sarvet. Sillä on itseään pidempi Varjo.

*

Lapsi piirtää. Puuvärejä olisi, ostin niitä säästöpakkauksen, mutta hän on mieltynyt viininpunaiseen musteeseen sekä korpinsulkakynään.

Äiti katso, hän huhuaa. Niin, sanon ja käännyn ympäri tiskialtaan ääreltä äskettäin huuhtelemani lautanen käsissäni. Hän on keskittynyt, ei kohota katsettaan taiteestaan. Tulkitsen siinä esiintyvän huteria pääjalkaisia, toistensa raajoihin sotkeutuvia.

Äiti, katso, katso – piirsin taistelun.

Taistelun. Ahaa. Ketkä taistelevat?

Tässä tapetaan juutalaisia ja neekereitä ja homoja.

En ehdi hillitä itseäni. Heitän lasta lautasella. Se osuu hänen otsaansa napakasti vaakatasossa ja pudottaa hänet tuolilta, ja lopputuloksena hän karjuu lohduttomana pöydän alla piehtaroiden. Mustepullo on kaatunut hänen päälleen. Kuhmu paisuu tuikeiden kulmakarvojen yläpuolelle välittömästi.

Raivaan tilaa syliini. Suutelen kuhmua, se on ruma ja ruusunpunainen; tämä on anteeksiantamatonta. Vaikka hän olisi hirviö, hän on silti lapsi. Vaikka hänen Varjonsa tappaisi kasvillisuuden sieltä minne lankeaa, vaikka Taivas takertuisi hänen sarviinsa ja ajautuisi sisällissotaan

Silti.

Haloo, eksorkistilla?

Hautaustoimistossa. Korpraali Kyy[r] puhelimessa.

Sopii. Kyse on äidistäni.

Niin?

Hän haluaa venehautauksen. Tiedäthän,
kuten viikingit, kuten sankarit. Puupaatti ulapalle, nuoli,
tarkk'ampuja, tuli.
Leimahdus, ja tuhka sihisee mereen…

Toki, meillä on erittäin lokoisia puupaatteja

[sivu kääntyy; treffit, sessiot, riidat, yhteinen rikos]

---

[r] siitä laulusta albumilta Lelukaupan häät

Miten sinut hautaisin?

Samoin kuin kwakiutlit poikiensa istukan.
He nostavat sen Taivaalle korppien syötäväksi
jotta pojat saisivat lintujen profetiakyvyt.

Kuka saa kyvyt sinusta?

Minussa rypeneet.
Sinä.

... mitkä kyvyt?

paarioiden laivasto

Saan yhden yön jutulta ilmeisesti jonkinlaisen tartunnan, sillä
eräänä aamuna huomaan penikseni muuttuneen elefantin kär-
säksi. Ennen sitä se oli päiviä aneeminen: ULTRAMARIININPU-
NAINEN, ponneton. Ikään kuin sielu olisi siitä säikähtänyt.

Kärsän enimmäispituus on neljäkymmentäseitsemän senttiä,
mittaan. Voin liikutella sitä mieleni mukaan, tarttua vaikka ky-
nään ja väärentää allekirjoituksesi. Voin pyyhkiä pölyjä sa-
malla kun käteni runkkaavat nintendoa, tai tiskata paistinpan-
nun syödessäni.

Voin imeä sen täyteen vettä ja tehdä suihkussa taskukokoisia
geysirejä. Kuplia, jos lisään saippuaa. Tai päästää oikein kars-
kin norsuntörähdyksen, se jos mikä kuulostaa miehekkäältä.
Silti ensisijainen vireeni on häpeä.

En voi mennä uimahalliin. En voi käyttää pillifarkkuja. Minä
pidin uimisesta, minä pidin pillifarkuista.

En voi harrastaa seksiä. Pidin seksistä. En voi mennä lääkä-
riinkään, se ei niin haittaa.

Rakastun erääseen. Tulee hetki, jolloin minun on kerrottava
hänelle, ja olen lähes Kuoleman oma. Hän kuitenkin suhtautuu
asiaan ok, ottaa elimeni käteensä ja suukottaa sitä ja kihertää.
Varmaan hän hyväksyisi minut lopun ikänsä, sillä hänen nau-
runsa ei ole ilkeää; hänen kanssaan olisi sees. En saata toivoa
kypsempää suhtautumista tilanteeseeni kuin mitä hän osoittaa.
Rakkaus, jota häneltä vastaanotan on avaraa, turvallista, kuin
vavahtamattomalle kalliolle kotiseutumaisemaan rakennettu
puusaunallinen hirsihuvila jossa on kissanluukku takaovessa
sekä hillokellari – mutta sitten alan aprikoida, että se on sel-
laista vain säälistä. Kenties hänen vanhempansa eivät koskaan
kertoneet hänelle, tai ilmaisseet riittävän kärkevästi, että hän
ansaitsee parempaa kuin oudokin survomassa hänen sisäänsä
elefantin kärsää. Joten, jätän hänet. Itken ja jätän. Tekstivies-
tillä. Sori kulta, vikaeioosussaseonmussa, paitsi että se on vale,
tietenkin välirikkoon johtanut haaksirikko kumpuaa aina jäte-
tystä. Jos hän olisi ollut jättäjälle toisenlainen… minulle, esi-
merkiksi, realistisempi, uskottavampi, vähemmän täydellinen,
olemassa –

Kuinka alas olenkaan vajonnut? Suorittaisin seppukun, mutten
tohdi, jokuhan löytäisi ruumiini. Niinpä ostan menolipun Öpi-
kin-Oortin pilveen.

Komeettasaaristossa on tungetteleva ilmanala, sumu koostuu ektoplasmasta ja arkkitehtuuri radioaktiivisista kangastuksista. Puhdasta vettä riittää vain eliitille. Ruokaa vain niille, jotka mielivät syödä tuhkaa, raakoja alkuaineita sekä kuolleiden turistien sisäelimiä.

Aamuisin noustaan kusemaan verta avaruushyeenojen käydessä ruokalevolle, ja nukkumaan mennään vasta puolenyön jälkeen kun on ensin reivattu ja joikattu ja surmattu petturit ja humalluttu säteilystä. Voin tuskin uskoa tuuriani: vihdoin olen löytänyt kotiin.

Täällä penistäni kunnioitetaan. Jo kauan ennen saapumistani paikalliset palvoivat jumalatarta, jolla sen paikalla todella tyrskyy elefantin kärsä.

Täällä olen pyhän lihallistuma! Preesensiäni kohdellaan sen mukaisesti.

Luulin tietäneeni mitä on deep throat, mutta, saakeli.

Elefantinkärsäjumalatar ei ole pääjehu, mutta yksi tärkeimmistä – runsauden, viisauden, eksploitaatioiden sekä plutoniumin henki. *Minä* olen runsauden, viisauden, eksploitaatioiden sekä plutoniumin henki. Kärsäni ääni kutsuu sateet karuuden ytimiin, hikeni haju pitää vampyyrit loitolla residenssistä.

Siittämistäni lapsista tulee terveitä, väkivahvoja yhteisön suo-
jelijoita. Sadan vuoden kuluttua telluslaiset eivät ole enää mi-
tään verrattuna sivilisaatioon, joka ponnistaa tämän heimon
keskuudesta, minun siemenestäni. Valtaamme koko aurinko-
kunnan. Astraalisen politiikan, markkinatalouden, teollisuu-
den. Yliopistot, alahuoneet, suuryhtiöt, sotilasliitot, huumekar-
tellit, vapaamuurarit. Meistä sikiää uusi uskonto, meidän tiede
vie meidät Proxima Centauriin ja takaisin

Kuolen keisarinnana. Haudastani rakennetaan valtaisa, pohja-
ton, rikkumaton. Reliikkini balsamoidaan ja vaippani päälle ri-
potellaan plutoniumia.

Hautakomeetta vajoaa pilvestä, imeytyy juosteeseen kohti So-
lia

3333

Arkeologi avaa haudan kuin appelsiinin. Hän köhii tomua, pimeää sekä aikaa.

Ruumiini rahdataan tutkimuslaitokseen häpäistäväksi koeeläimen lailla. Mikä pettymys olenkaan. Ne läpivalaisevat kivettyneen penikseni tuumaillen: ehkä se on syfiliksen kehittyneempi muoto?

Minut tavoittaa kohtusyövän ja gigantismin välistä Sukupuolitautimuseosta. Tervetuloa. Aukioloajat: ti–la klo 11–18, su 12–16, ma sopimuksen mukaan

Kellon käki kukkuu kolmastitoista, junttapurakuun kolmante-
nakymmenentenätoisena, viikon kahdeksantena päivänä.

Historia on ohi, tästä alkaa

serafit (antikliimaksimaalinen)

Lokakuu, 1917. Ranskalaiset teloittavat Mata Harin.

Tuo velhokas vakooja, luojainlumooja lähettää lentosuukon sotilaille jotka käskystä kohottavat aseensa

Samoin minä lähetän lentosuukon sinulle kun nyt jätät minut. Ylpeänä, viimeiseen asti, niin minäkin itseni kannan;

Pyysin sinua
tuomaan sinisiä, seruleuminsinisiä
ruusuja,

sinä toit
mammuttipetäjän

Minun safiirisormukseni
on sinulle Kilimanjaro.

Pyhä birmani
bengalintiikerisi.

Tuo kuu taivaalta, pyydän,
ja lähdet

73

Uranukseen

julistus, 7. kesäkuuta 2024

Sitten joskus Kuolemassa
teistä muista tulee enkeleitä.
Minusta Herää
Absoluutti.

Täytyyhän tämän nykyisen
viimeistään silloin eläköityä.

Täten ehdotan, että

ihmiset rikotaan ja luodaan uudestaan
kaikki sukupuolet häntäluusta, tai ihan vain
lahopuusta

unelmat punottaisiin napalmista, pelot
perunankuorista

Ja jokaisella tarvitsevalla siivet.
Ja kärpäset haltijoita.
Käärmeet kylläisiä, ja
sataisi vadelmamehua.

Ja kaikki osaisivat lukea.
Ja aseissa värikuulia.

Ja tänään nousee avaruuden kuningatar väärällä jalalla ja vitun nälkäisenä ja määrää kaikki vedet kiehuviksi; niin saa kansa havaita tyventensä poreilevan sata-asteisina. Suunnaton kuhiseva höyrypilvi kohoaa vähän kaikkialta, jopa kylpyammeista ja vissypulloista, syvälle

multiversumiin

///

Ah, toteaa avaruuden kuningatar; riittää!

Sillä tavalla valmistui Suuri Kosminen Kalakeitto.

Messipoika on (ala)maissa. Kuluneen viikon hän on tuntenut
ihmisten vihan kuin se olisi hänen omaansa. Kaikki ne katseet,
kaikki ne kääntyvät, kohti ja sivuun… aivan kuin he tietäisivät
mitä hän on tehnyt.

Todistaessaan Ohotanmerensä palavan tarkkarajaisen haloil-
miön alla, INFRASINISTEN purjeiden vajonneen, raikuu luotsiton
parahdus hänen ajatuksissaan: Theseuksen laiva! Jos kaikki
osat vaihdetaan matkalla, onko se palatessaan enää sama?

Hän havaitsee jokaisen Itsensä rippeen korvatun, vaan ei sata-
maa palata.

Kyyneleetkin kärähtävät. Ne höyrystyvät poskilta tuuleen en-
nen kuin kipu realisoituu, mutta arvet ovat jo idullaan ja naa-
miot sulaneet.

Ja kun[d] napsautan sormiani sinä
~~Heräät~~ olet kuollut

---

[d] ”kun” milloin?

Vaikutteita; kietoutuneita, löyhiä, löyhempiä

"Rakkauden ja kärpästen kirja" / Crowley, Aleister: *The Book of the Law and The Book of Lies*. Enhanced Media 2017.

"kaksikirjaisuus", "psalmit" / *Kuudes ja seitsemäs Mooseksen kirja*. Verona 1981.

"Glasya-Labolas" / Mathers, Samuel Liddel McGregor & Crowley, Aleister: *The Lesser Key of Solomon*. Mockingbird Press 2016.

"korvat" / Murakami, Haruki: *Suuri lammasseikkailu*. Tammi 1993. Suom. Leena Tamminen.

"korpraali Kyy" / Miljoonasade: Dildo. Albumilta *Lelukaupan Häät*. Warner Music 1992.

"fnord" / Malaclypse the Younger & Omar Khayyam Ravenhurst: *Principia Discordia*. Pacific Publishing Studio 2011.